¿Qué pasaría si...
nunca te vacunas?

por
Thomas Kingsley Troupe

ilustrado por Anna Mongay

ILLUSTRATED

Publicado por Amicus Learning, un sello de Amicus
P.O. Box 227, Mankato, MN 56002
www.amicuspublishing.us

Editora: Rebecca Glaser
Diseñador: Lori Bye

Cataloging-in-Publication data is available from the Library of Congress.
Library Binding ISBN: 9781645496120
Paperback ISBN: 9781645498582
eBook ISBN: 9781645496427

Impreso en China

ACERCA DEL AUTOR

Thomas Kingsley Troupe es autor de más de 200 libros infantiles. Cuando no está escribiendo, le gusta leer, jugar videojuegos y acordarse de cuándo fue la última vez que se bañó. Thomas es experto en tomar siestas y vive en Woodbury, Minnesota, con sus dos hijos.

ACERCA DE LA ILUSTRADORA

Anna Mongay nació en Barcelona, España. De niña, le gustaba dibujar, andar en bicicleta y correr por las montañas. Después de estudiar bellas artes y escenografía en la Facultad de Bellas Artes de Barcelona, ahora, vive y trabaja como ilustradora y maestra en Pacs del Penedès, España.

Anna extiende su reconocimiento a la fallecida Susana Hoslet, colega ilustradora, por su contribución a las ilustraciones de esta serie.

Te toca darte una inyección. Necesitas una vacuna. Pero no te gusta que te pinchen con agujas. ¡Te podría doler! Ojalá pudieras saltártela. De todos modos, ¿para qué sirven las vacunas?

Las vacunas mantienen saludable el cuerpo. Evitan que contraigas algunas enfermedades. A medida que creces, te las dan a diferentes edades. La mayoría de los niños reciben la primera cuando son bebés. Imaginemos que tus padres se saltaran todas.

¿Qué pasaría si
NUNCA te vacunas?

Te puede dar varicela. Este virus causa un salpullido. Te saldrán ampollas que dan comezón por todo el cuerpo. ¡Y no podrás parar de rascarte!

La vacuna evita la mayoría de los casos de varicela. Y si sí te enfermas, la vacuna hace que la enfermedad sea más leve. Además, la varicela es contagiosa. ¡Podrías enfermar a otras personas!

La enfermedad se disemina rápidamente en lugares cerrados con muchas personas. Podrías ponerte muy enfermo y contagiar a tus amigos.

Nadie quiere enfermarse. Eso incluye a tus compañeros de clases y a tus maestros. Sin las vacunas, algunas escuelas no te permitirán asistir. Es muy riesgoso.

La vacuna contra la gripe ayuda a evitar una infección conocida como influenza. Este virus ataca la garganta, los pulmones y la nariz. ¡Te sentirás tan enfermo que podrías estar en cama una semana!

Los doctores recomiendan vacunarte contra la influenza cada año. Ayuda a que no tengas gripe. Si sí tienes gripe, la vacuna hace que los síntomas sean más leves.

¿Sueñas con viajar por todo el mundo? Si no te vacunas, no podrás hacerlo. Algunos países te negarán la entrada, a menos que demuestres que estás vacunado.

A otros países no les importa. ¡Pero allí fácilmente podrías contagiarte de un virus mortal!

Las vacunas han detenido muchas enfermedades mortales. Pero si te saltas tus vacunas, aún podrías contagiarte de alguna. Las personas que no se vacunaron han contraído enfermedades antiguas como poliomielitis y sarampión.

Si contraes una enfermedad contagiosa, tendrás que estar en cuarentena. Estarás solo hasta que te mejores para que nadie más se contagie.

A principios del 2020, un virus mortal llamado COVID-19 se diseminó rápidamente por todo el mundo. Afecta los pulmones y dificulta la respiración. Tres años después, más de 6,8 millones de personas en todo el mundo han muerto de esa enfermedad.

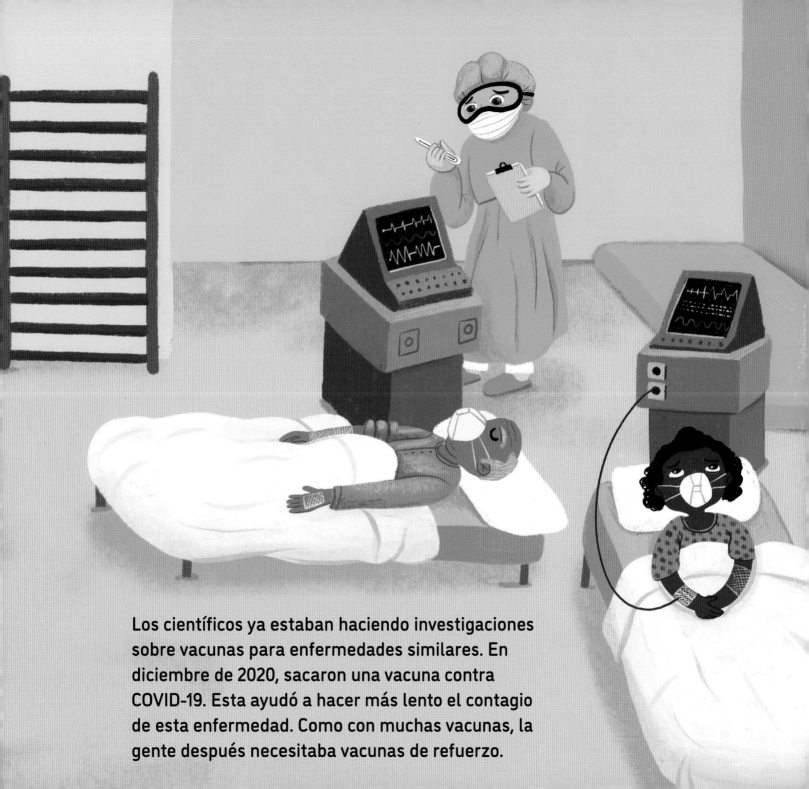

Los científicos ya estaban haciendo investigaciones sobre vacunas para enfermedades similares. En diciembre de 2020, sacaron una vacuna contra COVID-19. Esta ayudó a hacer más lento el contagio de esta enfermedad. Como con muchas vacunas, la gente después necesitaba vacunas de refuerzo.

¿Sabes qué sí da miedo? ¡No todos pueden recibir vacunas! Algunas personas no pueden vacunarse por que tienen alergias u otras afecciones. Otras personas se niegan a vacunarse.

Si tú sí puedes vacunarte, ¡deberías hacerlo! Te protegerá a ti y a los demás. Entre más personas se vacunen, más difícil les será a las enfermedades propagarse. Cambias de idea. La inyección casi no duele. ¡Inteligente decisión, niño!

Tu cuerpo está feliz. Siempre que necesites una vacuna, arremángate. Tienes una vida por delante.

Entonces... ¿qué pasaría si nunca te vacunas?

¡Nada bueno!

Consejos para manejar tus vacunas

1. **No te preocupes por cuánto pueda doler una inyección.** ¡Piensa, en cambio, en cuán bien te sentirás cuando no te contagies de ningún virus o enfermedad desagradable!

2. **Pregúntale a tu doctor de qué te protege la vacuna.** Te responderá con gusto y ¡tú aprenderás algo!

3. **Para algunas vacunas se necesita más de una dosis.** Tu doctor y tus padres deben saber cuándo te toca la siguiente.

4. **¿Sigues pensando en esa aguja?** Mira para otro lado y piensa en otra cosa. Si estás distraído ni siquiera te preocuparás y cuando veas... ¡ya habrá pasado!

5. **Si te sientes mal después de recibir una vacuna, díselo a tus padres.** A veces, tu cuerpo tiene que adaptarse a la vacuna. En la mayoría de los casos, te sentirás mejor al día siguiente.

6. **¡Festeja que eres valiente e inteligente!** ¡Recibir una vacuna es la decisión inteligente, por ti y las personas que te rodean!

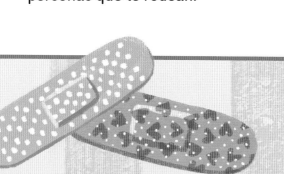

Datos curiosos

¿EN SERIO?

La mayoría de las personas recibe su primera vacuna cerca de 12 horas después de nacer. ¡Bienvenido al mundo!

¿¡¿QUÉ?!?

La varicela puede causar la aparición de entre 250 y 500 ampollas que dan comezón. ¡No, gracias!

¿QUIÉN LO DIRÍA?

Las vacunas evitaron un número aproximado de 936.000 muertes prematuras y 419 millones de enfermedades en niños estadounidenses nacidos entre 1994 y 2018.

¡¡¡NO TENÍA NI IDEA!!!

¿Haz oído hablar de la viruela? ¿No? Esto se debe a que se creó una vacuna. Casi todos en el mundo recibieron esta vacuna. Nadie se ha enfermado de viruela desde 1977.

¡¿¡¿DICES QUE UN PRESIDENTE?!?!

Uno de los presidentes de EE. UU. tenía poliomielitis. Franklin Delano Roosevelt estaba paralítico de la cintura hacia abajo y se le dificultaba ponerse de pie por sí solo.

¡¿¡¿¡¿VAYA, QUIÉN LO DIRÍA?!?!?!

Ha habido casos de poliomielitis en Estados Unidos reportados apenas en 2022. Las personas que se enfermaron no estaban vacunadas.

Glosario

contagioso: Que se disemina por contacto directo o indirecto con una persona que tiene la enfermedad.

en cuarentena: Cuando te separan de los demás para evitar que una enfermedad se disemine.

enfermedad: Una afección específica que evita que el cuerpo funcione como debería.

síntoma: Una señal de que tienes una enfermedad en tu cuerpo, por ejemplo, la fiebre, la tos o dolor corporal.

vacuna: Sustancia que protege a las personas de virus o enfermedades y que generalmente se inyecta.

vacuna de refuerzo: Dosis adicional de una vacuna necesaria para dar a la persona protección completa contra una enfermedad.